DE L'OPÉRA,

PAR

J. T. MERLE.

*Il y a des endroits dans l'opéra qui laissent en desirer d'autres.
Il échappe quelquefois de souhaiter la fin de tout le spectacle
c'est faute de théâtre, d'action, et de choses qui intéressent.*
La Bruyère.

PARIS,
BAUDOUIN FRÈRES, LIBRAIRES,
RUE DE VAUGIRARD, N° 17.

1827.

DE L'OPÉRA,

PAR

J. T. MERLE.

*Il y a des endroits dans l'opéra qui laissent en desirer d'autres.
Il échappe quelquefois de souhaiter la fin de tout le spectacle
c'est faute de théâtre, d'action, et de choses qui intéressent.*

La Bruyère.

PARIS,

BAUDOUIN FRÈRES, LIBRAIRES,
RUE DE VAUGIRARD, Nº 17.

———
1827.

AVERTISSEMENT.

Je m'occupe des théâtres depuis plus de vingt ans; je les ai vus sous toutes leurs faces; je les ai étudiés dans toutes leurs parties; je les ai observés dans toutes les positions; je les ai suivis avec passion comme amateur; je les ai fréquentés avec assiduité comme auteur; j'ai été appelé à les juger comme journaliste, et j'ai pénétré dans tous les secrets de l'administration comme directeur.

J'ai acquis une telle connaissance de leur régime intérieur, que je n'ai pas besoin d'être initié dans leurs comités pour voir les vices de leur gestion : je les apprécie avec certitude sur l'aperçu de leurs travaux, et je dirai presque à l'inspection de leur *affiche*.

On ne se doute pas dans le monde de ce que peut apprendre une affiche à un homme qui connaît les coulisses, combien de petites intrigues il y découvre, combien de petites supercheries il y aperçoit; il y reconnaîtrait même au besoin l'état de la caisse : il m'est arrivé, à deux cents lieues de Paris, de juger sur l'annonce seule d'un spectacle quelle était la recette qu'on avait dû faire ce jour-là, et je ne me suis pas trompé de cent francs.

On sent qu'avec une pareille habitude il est difficile que je m'abuse sur la position d'une administration théâtrale. Celle de l'Opéra m'a long-temps occupée; depuis la direction de Célérier, j'ai suivi dans leur marche toutes celles qui se sont succédées, et j'ai constamment vu se reproduire les mêmes fautes et les mêmes abus : je dois cependant convenir que depuis quelque temps des améliorations sensibles et des essais bien entendus peuvent faire espérer d'heureux résultats; mais je me suis convaincu, malgré cela, que la position toujours critique de l'Opéra tenait à un vice d'organisation, à un défaut constitutif, qu'il fallait détruire par un nouveau système d'administration.

Je ne me contente pas dans mes observations de faire connaître les inconvénients du régime actuel, je donne les moyens d'y remédier; j'ignore si l'on se rendra à mes raisons, mais, quoi qu'il puisse arriver, j'aurai pris date; le public jugera plus tard s'il était nécessaire pour opérer une réforme, que je crois inévitable, d'attendre quelques années de plus, de laisser empirer le mal en amenant l'Opéra au dernier degré de marasme, et en sacrifiant quelques millions en pure perte. Il faut qu'on se persuade bien qu'au théâtre comme en politique le provisoire est désastreux, l'indécision est mortelle, et que le pire de tous les partis est de n'en prendre aucun.

En publiant mes observations sur l'Opéra, je n'ai pas voulu faire une satire personnelle, ce genre de critique n'a jamais été de mon goût. J'ai parlé des choses, je me suis abstenu de parler des personnes. Si j'en crois ce qu'on dit, on trouverait à l'Opéra assez de probité et plus de talents qu'il n'en faut pour faire une excellente administration; quant à moi, je n'y connais personne; tous les chefs de ce théâtre me sont aussi étrangers que Galba, Vitellius e Othon. En parlant de leurs travaux, j'ai procédé comme dans la solution d'un problème algébrique; j'ai opéré sur des inconnues.

DE L'OPÉRA.

De toutes les administrations théâtrales, la plus chanceuse est, sans contredit, celle de l'Opéra. Depuis vingt-six ans elle a changé trente-trois fois de forme et de personnel, elle a fatigué le zèle et mis en défaut les talents d'un grand nombre d'hommes de mérite; Célérier, Picard, Persuis, Habeneck, et une foule d'autres, n'ont obtenu que des résultats plus ou moins malheureux, et n'ont jamais pu parvenir à satisfaire à-la-fois l'autorité, le public et les artistes: les motifs du peu de succès de tant de tentatives infructueuses sont nombreux, les causes en sont cachées; je vais tâcher d'expliquer les uns et de faire connaître les autres.

L'Opéra, même aux époques d'une prospérité passagère, n'a jamais pu se suffire, les dépenses ont toujours dépassé les recettes; c'est un inconvénient en définitive peu important, et sur lequel on doit prendre son parti, quand on est une fois bien convaincu qu'un théâtre de luxe et de magnificence, dont la réputation est européenne, est devenu un établissement indispensable à Paris, utile aux arts, et avantageux au commerce sous une foule de rapports; mais comme ce théâtre a été constamment à charge, soit à la ville de Paris, soit au ministère de l'intérieur, soit à celui de la maison du Roi, il en est résulté que chacun a éprouvé à son tour le desir de connaître les causes de ces déficits annuels, et s'est cru appelé à y remédier.

La dictature de l'Opéra a tenté tout le monde, cette

petite souveraineté met en jeu toutes les ambitions ; chacun veut y montrer son savoir-faire, et personne ne calcule les difficultés. On ne se persuade pas, à travers toutes les prétentions, qu'une machine aussi compliquée que celle de l'Opéra est un labyrinthe inextricable pour ceux qui n'ont pas une connaissance longue et approfondie du théâtre, et qu'il faut avoir passé sa vie sur les planches pour l'embrasser dans son ensemble et la juger dans tous ses détails ; les gens du monde sur-tout sont ceux qui s'estiment les plus propres à conduire l'Opéra ; pour peu qu'ils aient vu les coulisses, qu'ils aient causé quelquefois à l'amphithéâtre avec une danseuse ou un choriste, et qu'ils se soient promenés dans le foyer avec un contrôleur ou un chef du chant, ils se croient au courant de tous les secrets de la comédie, et s'imaginent en savoir plus qu'il ne faut pour diriger le premier des théâtres royaux : ils ne se doutent même pas qu'en administration comme en mécanique on ne commet que des erreurs quand on n'opère que sur les forces et qu'on ne calcule pas les résistances.

Les vices de l'Opéra résident principalement dans la mauvaise distribution des pouvoirs, dans l'ignorance de quelques chefs, dans le fâcheux état de quelques uns des services, et sur-tout dans les nombreux abus qui existent à ce théâtre depuis la porte d'entrée jusqu'à la loge des comparses. Mais il faut penser qu'on ne détruit pas des abus sans léser des intérêts, et qu'on ne rétablit pas l'ordre sans blesser des amours-propres, et que les intérêts lésés et les amours-propres blessés font et défont les pouvoirs : rien n'y résiste, préfets du palais, chambellans, surintendants, maréchaux de France, intendants des menus, ministres, directeurs, agents, administrateurs, régisseurs, maîtres de chant; tout est changé, déplacé, renvoyé, mis à la retraite, ou appelé à d'autres fonctions.

Dès qu'une autorité nouvelle se présente à l'Opéra, la politique de cinquante boudoirs est mise en jeu pour s'emparer du nouveau chef. Les hommes se groupent autour de toutes ces coteries de femmes; tous les ressorts de la diplomatie de coulisses sont en mouvement; le cœur, l'amour-propre, les sens, l'ambition, la crainte, enfin toutes les parties faibles sont attaquées à-la-fois, le directeur est vaincu; dès-lors les grands projets de réforme viennent s'engloutir dans la vieille ornière de cette grande machine dramatique, et l'on ne s'aperçoit de la présence d'un nouveau chef qu'à la création de quelque nouvelle sinécure, et à l'augmentation de l'état d'émargements pour une cinquantaine de mille francs de places de faveur, qui ne font que compliquer le service et nuire à la marche de l'administration par des conflits continuels de pouvoirs et d'attributions.

Il ne faut pas croire que ces surcroîts de dépenses soient momentanés; tous ces nouveau-venus s'incrustent dans le personnel du théâtre, et finissent par devenir, comme tant d'autres, des abus indéracinables; ils commencent par s'étourdir sur leur inutilité, et finissent par venir effrontément réclamer le prix de leurs services; on est alors trop heureux de s'en débarrasser au moyen d'une pension de retraite.

Si par hasard le nouveau directeur est un homme intègre, impartial et cuirassé contre toutes les attaques, alors on avise aux moyens de se défaire bien vite d'un homme aussi dangereux pour une foule de gens qui ne vivent que d'abus; on emploie six mois à le tromper et six mois à le renverser, et au bout d'un an il doit nécessairement faire place à un autre qui, à son tour, subira le même sort.

Ces variations continuelles du pouvoir, cette instabilité des chefs de cette administration, sont les causes principales de la décadence progressive de l'Opéra; il faut, pour opérer le bien dans une entreprise de ce genre, d'abord du talent, et ensuite de l'avenir; par malheur un directeur est tellement convaincu en y entrant qu'il n'est là qu'en passant qu'il songe d'avance à s'assurer une retraite, et comme il en sort presque toujours par un caprice ou par une injustice, il trouve aisément le moyen de se faire payer son silence ou acheter ses plaintes.

Je vais à présent, en examinant chaque partie du service, essayer d'en faire connaître les vices, et proposer quelques moyens d'arriver à des résultats plus heureux.

§ I. Administration.

A qui doit appartenir la haute administration de l'Opéra? Voilà une question importante à laquelle il est assez difficile de répondre dans l'état des choses actuel et dans la confusion qui existe entre les anciens usages et les nouveaux. Il est hors de doute que si l'on régularisait le système dramatique en France, les théâtres de Paris et ceux des provinces devraient former une surintendance des théâtres sous les ordres du ministre de la maison du Roi, ou une direction générale dans les attributions du ministère de l'intérieur; mais puisqu'on est convenu que quatre théâtres royaux seront dirigés par la maison du Roi, que le théâtre de l'Opéra comique seul reste, on ne sait pourquoi, à la disposition d'un gentilhomme de la chambre; que le budget de l'intérieur paiera les dépenses de l'Opéra, qui se trouve placé hors des attributions de ce ministre, et que la ville de Paris jouira, sans qu'il lui en coûte rien qu'une partie de la subvention des jeux, des avantages énormes que ce théâtre lui rapporte; il faut raisonner d'après ces données, il faut soumettre à M. le vicomte de La Rochefoucauld les moyens à prendre pour éviter la décadence prochaine de l'Académie royale de musique.

Il est d'usage depuis long-temps qu'un grand seigneur ait la haute surveillance et la direction suprême de l'Opéra. Est-ce un mal, est-ce un bien? Il y aurait autant à dire pour que contre; mais, à tout prendre, il vaut mieux que ce soit M. le vicomte de La Rochefoucauld que tout autre; il a la réputation d'aimer les arts avec passion, de protéger les artistes avec noblesse, et, selon l'expression d'une femme d'esprit, *il a la rage de bien faire*. Si l'Opéra n'est pas encore arrivé au plus haut degré de splendeur, ce n'est pas sa faute; occupons-nous de ses subordonnés.

C'est une grande erreur de croire qu'un seul directeur puisse conduire l'Opéra; cette machine est trop vaste, les ressorts en sont trop nombreux; les connaissances que nécessite son administration sont trop variées pour qu'on puisse les trouver réunies dans un même homme: un esprit d'ordre et de méthode, une grande habileté des affaires, une longue expérience de l'exécution dramatique, une connaissance parfaite du moral des comédiens, un goût vif et cultivé pour les arts qui se rattachent au théâtre, ne forment qu'une partie des conditions nécessaires pour faire un bon directeur de l'Opéra. Si l'homme qu'on place à la tête de ce théâtre n'a pas fait une étude approfondie de tous les détails qui composent le mécanisme de son administration, il sera entravé à chaque pas par l'impéritie ou la mauvaise volonté du dernier des *brigadiers de son équipage;* celui-ci par des objections absurdes, mais que le chef sera hors d'état de combattre, le forcera souvent à changer son répertoire, et à faire un mauvais spectacle au lieu d'un spectacle productif. Heureux encore s'il ne le met pas dans la nécessité de faire un *relâche!* C'est ce qu'on a vu quelquefois, sans que le public ait jamais pu en deviner la cause, qui l'aurait cependant bien réjoui. Je ne parle même pas des obstacles tous les jours renaissants que lui susciteront les caprices des acteurs, la paresse des ouvriers, les lenteurs des ateliers; caprices, lenteurs et paresse qu'on lui représentera toujours comme des nécessités de position ou de difficultés qui tiennent à la localité, à la dignité de l'Académie royale de musique ou aux prérogatives des différents services. Le directeur inhabile en subira les conséquences, le directeur qui saura son métier y mettra ordre une bonne fois pour toutes.

Si l'ignorance du directeur est préjudiciable à son entreprise, puisqu'elle le livre sans défense à la mauvaise volonté de chacun de ses subordonnés, elle est bien plus préjudiciable encore quand elle le laisse sans force contre la mauvaise foi. Il y a tel directeur de l'Opéra qui ne s'est jamais douté qu'il y avait quinze manières de voler sur un *châssis* depuis le moment où le bois qui doit servir à sa construction sort des magasins jusqu'au moment où le garçon de théâtre le met en place. Qu'on juge, d'après cela, combien l'inexpérience peut causer de dommages sur chacune des branches du service, depuis le laboratoire du luminariste jusqu'à l'atelier du costumier! Je ne parle pas même du contrôle, où les moyens de fraude sont si multipliés qu'un employé adroit peut presque défier la surveillance du directeur le plus expérimenté.

L'Opéra ne pourra prospérer que lorsque son administration sera confiée à une réunion d'hommes de talent qui, chacun dans sa partie, concourront à l'ensemble des travaux. La difficulté dans ce système est de distribuer les pouvoirs de façon qu'ils se servent mutuellement sans se froisser, que les attributions soient fixées d'une manière assez précise pour que chacun connaisse ses devoirs, les remplisse, et soit responsable, et que tout vienne aboutir à un centre commun d'où partent les ordres et où l'on rende compte, jour par jour, de leur exécution.

La haute direction de l'Opéra est aujourd'hui confiée à la personne chargée du département des beaux-arts. Je voudrais, sous ses ordres et comme son représentant immédiat, un administrateur général qui serait chargé de toute la comptabilité, de la haute surveillance des recettes et des dépenses, des marchés de tous les genres; il présiderait le comité d'administration, fixerait l'ordre des ouvrages à mettre en scène, discuterait tous les programmes qui lui seraient soumis par le directeur de la mise en scène, et serait constamment au théâtre pour régulariser chaque branche de service; ce serait à lui que s'adresseraient toutes les réclamations; elles seraient décidées sur-le-champ.

Immédiatement après l'administrateur général, viendrait dans l'ordre des pouvoirs, et pour le remplacer en cas d'absence, *le directeur de la mise en scène*, qui aurait sous ses ordres *le chef de la musique*, *le chef de la danse*, *le chef des décorations et des machines*, enfin *le chef du matériel*. Tous ces différents chefs de service répondraient au directeur de la scène. Qu'on ne s'imagine pas que je veux multiplier les emplois; en expliquant ce que j'exige de chacun d'eux, on verra que je les simplifie.

Le directeur de la scène serait spécialement chargé du personnel; il réglerait le répertoire avec l'administrateur général, ferait la distribution des rôles, surveillerait les représentations, dirigerait les répétitions et la mise en scène des ouvrages; il ferait exécuter sous ses ordres les décorations, les machines et les costumes, d'après les programmes qui lui auraient été remis par les chefs des autres services, et réglerait avec le chef de la danse les programmes des ballets.

Le chef de la musique serait chef d'orchestre. Cette place s'arrangerait à merveille avec la surveillance qu'on exigerait de lui sur toutes les parties du chant; il proposerait les maîtres de chant, les choristes et musiciens, serait chargé de la bibliothèque de musique, et surveillerait la copie des partitions.

La place de *chef de la danse* devrait être confiée à un ancien maître de ballets, soit de l'Opéra, soit de l'une des grandes capitales de l'Europe. Il dirigerait les maîtres de ballets, ordonnerait les programmes, aurait dans ses attributions tous les sujets de la danse, l'école et le magasin de l'Opéra.

Le chef des décorations et des machines aurait sous ses ordres les peintres, les machinistes, l'équipage et les ouvriers de ces différents services; il surveillerait les ateliers, et ferait exécuter les programmes qui lui seraient remis par le directeur de la scène.

Ces quatre chefs de service et l'administrateur général feraient partie du comité de lecture, où seraient aussi appelés deux membres de l'Académie française, dont un auteur dramatique, deux membres de l'Académie des beaux-arts, l'un pris dans la section de peinture, l'autre dans la section de musique, et deux membres de l'Académie des sciences pris dans la section de mécanique.

Le chef du matériel, qui devrait être un dessinateur, serait chargé de la surveillance de tous les autres services, et spécialement du magasin d'accessoires et des ateliers de costumes.

Je suis fondé à croire, par l'expérience que j'ai d'une grande machine dramatique, que les pouvoirs ainsi distribués doivent être d'un grand secours pour le succès d'une entreprise comme celle de l'Opéra. Les *services*, par cette disposition, s'aideront réciproquement sans frottement et sans secousses, et tout prendra une marche uniforme. Le point important c'est que l'obéissance soit passive, et que tout le monde soit bien convaincu qu'un ordre donné par un chef de service ne sera jamais révoqué, que l'autorité supérieure n'écoutera aucune réclamation sur un objet du moment, et qu'elles ne seront jamais accueillies que pour l'avenir. Cette résolution bien prise, et une bonne fois convenue, les répertoires ne seront jamais changés, les rôles ne seront jamais doublés sans nécessité, et les représentations ne seront jamais retardées.

§ II. Des Dépenses de l'Opéra.

Plus on économisera à l'Opéra, plus l'Opéra coûtera cher; cette opinion, qui a l'air d'un paradoxe, est pourtant d'une grande vérité; dans un théâtre qui ne vit que de luxe et de splendeur, on ne diminue pas les dépenses sans diminuer les recettes dans une proportion effrayante: un directeur qui prendra l'Opéra au rabais ruinera le gouvernement. Je choisis un exemple au hasard.

En 1781 les dépenses de l'Opéra s'élevèrent à 911,277 livres, les recettes à 463,037 livres; le déficit fut de 448,240 livres.

En 1787 les dépenses montèrent à la somme de 1,134,705 livres, les recettes à 864,451 livres; le déficit ne fut que 270,254 livres. Les chiffres valent mieux que les plus beaux raisonnements, ils ont l'avantage de terminer les discussions; je pourrais multiplier ces exemples, mais je ne ferai que répéter sans intérêt les mêmes preuves.

En parlant contre les économies, je ne prétends pas m'opposer à ce qu'on supprime les places inutiles, les sinécures, les tours de bâton et les gaspillages. Je veux qu'on économise sur ce que le public ne voit pas, et qu'on n'épargne rien sur ce qu'on lui montre; on ne fait qu'augmenter les dépenses sans augmenter les recettes en créant des places inutiles, en tolérant les pots-de-vin, et en fermant les yeux sur tous les petits revenus que peuvent se créer les employés d'un théâtre comme celui de l'Opéra depuis le ceintre jusqu'au troisième dessous, et sur tous les petits bénéfices qui peuvent être faits depuis *le dépotage d'un quinquet* jusqu'au coup de ciseau d'un garçon tailleur; mais je veux qu'on aille largement quand il s'agit de mise en scène; il ne faut monter que des ouvrages sur lesquels on compte; mais, quand on est décidé à les monter, il faut le faire avec une pompe toute royale. Le public connaît les décorations et les costumes de l'Opéra aussi bien que le machiniste et le costumier du théâtre; il est difficile de lui faire prendre le change. Dans une pièce nouvelle, et même dans une grande reprise, tout doit être neuf, un seul vieux décors déflore la mise en scène d'un ouvrage; les dépenses n'effraient que ceux qui ne savent pas ce que rapporte au commerce de Paris un grand succès à l'Opéra : on a calculé que ce qu'on est convenu d'appeler *une belle chambrée* jetait plus de cent mille francs chez les marchands, depuis le cordonnier jusqu'au coiffeur, en y comprenant tous les genres d'industrie qui concourent à la toilette d'un homme et d'une femme qui vont se montrer à une représentation d'apparat. C'est ce qui m'a toujours fait penser que la ville de Paris trouverait encore son compte à payer les dépenses d'un opéra à grand succès.

§ III. LA TROUPE.

La troupe de l'Opéra ne vaut pas ce qu'elle coûte; c'est dur à dire, mais c'est vrai: le chant, la danse, l'orchestre et les employés, coûtent plus de 900,000 fr. La troupe dont faisaient partie *Larrivée, Le Gros, Rous-*

seau, et madame *Saint-Huberty*, ne coûtait guère plus de 400,000 francs à-peu-près, et les feux étaient payés. Dans ce temps là, les appointements des premiers sujets étaient de 9000 livres, ceux de la danse n'étaient payés que 7,000 livres; aujourd'hui les mêmes emplois, je me garderai bien de dire les mêmes talents, sont payés 25,000 francs.

Personne n'est plus convaincu que moi de la nécessité de récompenser noblement les artistes. Ce système de munificence est digne de l'Opéra. *Célérier*, le seul directeur qui, depuis trente ans, ait compris ce théâtre, eut le premier l'idée généreuse d'augmenter les appointements des acteurs; il en usa trop largement, la troupe dont faisaient partie, dans tout l'éclat de leur talent, *Lays*, *Lainez*, *Chéron*, et madame *Branchu*, coûtait 663,000 francs; deux ans après, elle coûta 820,000 fr., et les feux dépassèrent 90,000 fr. Aujourd'hui Célérier passerait pour un avare; l'état des appointements est effrayant : un acteur qui est payé plus de 20,000 fr. est obligé de faire recette; il n'y a que l'Opéra de Paris dans le monde où cette condition ne soit pas de rigueur.

Plusieurs parties de ce service laissent peu à desirer, l'orchestre, par exemple, n'a jamais offert un plus bel ensemble de talents, quoiqu'on regrette de ne pas y voir figurer quelques professeurs qui devraient nécessairement en faire partie. Le corps de ballet est remarquable par une grace, une légèreté, une fraîcheur qu'on n'y a jamais trouvées, mais on y chercherait envain cette grandeur et cette noblesse qui caractérisaient l'époque des *Clotilde*, des *Gardel*, des *Bigottini*, des *Millière*, de *Vestris* et de *Duport*. Quant aux artistes du chant, ils sont presque tous médiocres dans tous les emplois.

Mme Branchu a été la dernière actrice qui ait paru sur la scène de l'Opéra; elle a emporté avec elle le secret des rôles d'Armide, de Julia, d'Amazili, de Didon, d'Alceste, de Télaïre, et de tous les grands rôles du répertoire. On cherchera long-temps l'ame et le feu de Lainez, le goût et l'expression de Lays, et nous en sommes réduits à regretter aujourd'hui Adrien et Bertin.

Je conviens qu'il faut long-temps pour refaire une bonne troupe d'Opéra, les bons auteurs vieillissent et la province n'en fournit plus; mais si un acteur n'est pas obligé d'avoir du talent, on est au moins en droit d'exiger de lui de la bonne volonté. L'indiscipline des acteurs de l'Opéra est passée en proverbe; avec tous les bénéfices d'acteurs à *engagement*, ils veulent avoir tous les privilèges d'une réunion de *sociétaires*. Chaque pensionnaire veut bien reconnaître un directeur comme garant de ses appointements à la fin du mois, mais il lui conteste le droit de le faire jouer quand bon lui semble. Le directeur d'un théâtre comme celui de l'Opéra, sur lequel pèse une responsabilité de quinze ou seize cent mille francs, ne doit être soumis qu'à une seule chose, c'est à payer exactement. Il n'y a plus d'administration possible quand un pensionnaire est admis à invoquer un règlement; le seul règlement à suivre c'est le tableau du répertoire affiché dans le foyer; il faut laisser le plaisir de faire des règlements et de les invoquer aux acteurs sociétaires qui s'administrent à leurs risques et périls.

Si j'exige l'obéissance passive dans les acteurs, je suis loin d'autoriser le despotisme et l'arbitraire dans les directeurs; il faut qu'un directeur ne demande à ses pensionnaires que des choses justes, et qu'il les demande avec un langage et des formes convenables. Quoique une réunion de comédiens s'appelle une *troupe*, on ne mène pas les artistes comme des soldats; il ne suffit pas de savoir ce qu'on doit exiger d'eux, il faut encore savoir comment on doit le demander : c'est une langue à apprendre, qui se compose de mots polis et d'expressions fermes, où les phrases qui renferment un ordre doivent être enveloppées d'euphémisme et d'urbanité; enfin il faut que le directeur de l'Opéra tienne le bâton du commandement avec une main de fer recouverte d'un gant de soie.

Le peu d'habitude de la plupart des directeurs de l'Opéra dans leurs rapports avec les artistes a souvent produit de fâcheux résultats; le titre *de pensionnaires de l'Académie royale de musique et de danse* donne une importance aux acteurs dont il faut savoir adroitement modérer les effets; je pense qu'en étudiant le moral des comédiens on peut se passer du Fort-l'Évêque, qui n'est plus dans nos mœurs, et qu'on peut les conduire en mettant en jeu leur amour-propre ou leur intérêt; ce sont les deux leviers qui peuvent remuer l'Opéra; mais il faut un fort point d'appui: on ne peut le trouver qu'auprès de l'autorité supérieure; dès que les acteurs auront découvert une route pour y arriver sans passer par l'intermédiaire de leur directeur, celui-ci est perdu sans ressource; il est dans son théâtre moins respecté que le concierge: dès qu'il n'a plus d'autorité, il doit sortir d'une administration où il n'est plus le maître de faire le bien et où il n'a pas la puissance d'empêcher le mal: qu'on ne s'y trompe pas, la plaie de l'Opéra est là. Je suis convaincu que dans les administrations qui ont précédé celle-ci, et dans celle-ci même, il s'est trouvé des hommes d'esprit et de talent; mais on les a réduits, par suite de très bonnes intentions, à une nullité humiliante en brisant dans leurs mains les ressorts du pouvoir : l'autorité supérieure doit décider toutes les grandes questions administratives; mais il est au-dessous de sa dignité d'entrer dans les détails mesquins de la petite régie; sans cette détermination bien prise, le ministre se verrait obligé d'accorder une audience pour prononcer sur le blanchissage d'un maillot ou pour juger de la validité d'une amende.

§ IV. LE POËME.

Quand on voudra citer la perfection en fait de poëmes d'opéra, on sera obligé d'en revenir à *Armide*; ce chef-d'œuvre, car il faut lui donner ce nom, doit servir de type; qu'on me permette donc de l'analyser dans toutes ses parties.

Il est impossible de trouver un sujet qui remplisse mieux les conditions du genre et qui offre un plus beau thème au poëte, des situations plus fortes et plus variées au musicien, un champ plus vaste au décorateur, des motifs plus heureux au chorégraphe et des effets plus étonnants au machiniste : aussi toutes les reprises en ont été heureuses, excepté la dernière, qui a été médiocre dans l'exécution de toutes ses parties.

Armide représentée comme on pourrait le faire à l'Opéra sera toujours un des spectacles les plus merveilleux qu'on puisse offrir au public. En effet dans ce poëme on retrouve toute l'imagination du Tasse, embellie du charme des vers de Quinault. Le musicien peut y peindre des passions aussi dramatiques que le desir de la vengeance, les tourments de la haine, l'enthousiasme de la gloire, le délire et le désespoir de l'amour; le chorégraphe trouve pour motifs de ballets une fête brillante à la cour d'un monarque de l'Orient, les jeux des sylphes et des naïades, les groupes voluptueux des plaisirs et des amants fortunés, et les danses infernales des démons et des furies. Le peintre peut à son tour s'y livrer à tout l'essor de son génie, il peut nous montrer les richesses de l'architecture asiatique; les sites mystérieux de la forêt enchantée, les délicieux jardins d'Armide et les merveilles de son palais fantastique. Enfin ce sujet offre au machiniste lui-même l'occasion de déployer toutes les ressources de son art; il peut couvrir au second acte son théâtre de vols, de gloires, de nuages, de zéphyrs et d'amours, pour enrichir le tableau de l'enlèvement magique de Renaud; il peut ouvrir, par des procédés ingénieux, des gouffres et des abymes d'où sortent et où viennent s'engloutir la Cruauté, la Vengeance, la Rage, et toute la suite de la Haine, et terminer ce brillant spectacle par la destruction du palais de l'Amour, non pas comme on l'a exécuté dernièrement à l'Opéra de la manière la plus ridicule avec des *fermes à développements* et des *châssis à volets*, mais par des moyens neufs, au moins à Paris, et qui rendent avec vérité un des coups de théâtre dont on peut tirer les plus grands effets.

Je me suis étendu avec plaisir sur le sujet et l'exécution d'*Armide* parceque je pense que cet opéra peut servir de modèle aux poëtes qui veulent s'occuper de la tragédie lyrique. Il est important de leur persuader que les *Agammenon*, les *Enée*, les *Anacréon*, les *Alcibiade* et les *Aristippe* sont aujourd'hui des personnages peu dramatiques, sur-tout à l'Opéra, et que ces éternelles familles de Grecs et de Troyens, dont les malheurs et les plaisirs occupent notre scène depuis plus de cent ans, sont cause que l'Opéra, *avec une dépense toute royale*, passe en Europe pour le spectacle le plus ennuyeux du monde : Polymnie ne s'élèvera jamais, quoi qu'on puisse faire, au degré d'intérêt de Melpomène; il est temps que la tragédie lyrique abandonne le cothurne à la tragédie déclamée. *OEdipe* et *Iphigénie*, malgré les charmes de la musique de Sacchini et de Gluck, ne pourront jamais supporter la comparaison avec les vers de Racine et même avec ceux de Ducis, quoique privés de la pompe des fêtes de l'Aulide et du sacrifice au temple des Euménides. Il était impossible de pousser plus loin à l'Opéra le pathétique que *Chéron* dans le rôle d'OEdipe, et d'avoir plus de chaleur et de noblesse que Lainez dans le rôle d'Achille, et cependant ils sont toujours restés fort au-dessous, je ne dirai pas de Brizard et de Talma, mais de Saint-Prix et de Lafont dans les mêmes rôles.

Je crois qu'il est temps de reléguer dans les magasins toute la friperie grecque, romaine et mythologique. Homère et Virgile ont fait assez long-temps les honneurs de l'Opéra. Il faut trouver un autre genre de merveilleux, peut-être moins classique mais plus amusant, plus analogue aux besoins de notre nouvelle littérature; je suis convaincu qu'il y a plus de succès d'argent dans les *Contes des fées* et dans la *Bibliothèque bleue* que dans *l'Iliade* et *l'Énéide*; et si, malgré la prédilection de La Fontaine, *l'eau d'âne* paraît au-dessous de la dignité de l'Académie royale de musique, on conviendra du moins que l'*Arioste* le *Tasse*, le *Camoëns*, *Milton* et le *Dante* fourniraient des sujets de poëmes que l'Opéra pourrait accueillir sans déroger. Nos vieilles chroniques, nos spirituels fabliaux, les traditions populaires et les croyances du moyen âge, sont des sources inépuisables de sujets riches d'originalité et d'imagination, et où toutes les parties qui constituent un bon opéra doivent trouver des éléments de succès; il ne faut que des gens habiles pour les mettre en œuvre.

N'ayant pas la prétention de faire ici une poétique du genre, je ne parlerai pas du style; l'art de faire de beaux vers semble ne plus être un secret, ou, si c'en est un, il est connu par tant de gens, qu'il ne faut pas craindre que nous manquions de poëtes; peut être que l'art de distribuer les scènes avec talent, d'arranger avec méthode une action dramatique et le grand mérite du dialogue et de la coupe lyrique sont des qualités plus rares; mais celles-ci peuvent s'acquérir, celles qui tiennent à l'imagination ne s'acquièrent pas; du reste tout ce qui dépend de l'ajustement du sujet, du choix des situations musicales, et des effets de théâtre, fait partie des attributions du comité: dans une réunion d'artistes et d'hommes de lettres comme celle qui compose l'aréopage de l'Opéra un auteur doit nécessairement trouver de grands secours.

§ V. DE LA MUSIQUE.

La musique dramatique, la seule dont je veux parler ici, a subi tant de variations depuis son introduction en France en 1645, dans l'opéra italien de la *Festa Theatrale*, qu'il est bien difficile, même aujourd'hui, de décider quelle est la bonne. Les musiciens eux-mêmes ne sont pas d'accord sur ce point. Cependant, en faisant une large part au goût du jour et aux caprices de la mode, auxquels cet art est soumis plus que tout autre, il est certain que pour le théâtre la musique la meilleure est celle qui se rapproche le plus de la nature, celle dont le récitatif rappelle le mieux les intonations d'une belle déclamation, et dont les motifs de chant et l'expression musicale sont empreints de la pensée des situations du poëme. Tout le reste tient aux systèmes des différentes écoles et ne se compose que d'accessoires plus ou moins brillants, d'agréments de bon ou de mauvais goût, et qui ne tiennent qu'à la vogue ou aux dispositions du moment.

l'administration de l'Opéra ne doit pas s'occuper de décider quelle est la bonne ou la mauvaise musique; la meilleure pour elle est celle qui plaît au public, en définitive seul juge compétent dans les arts qui se rattachent au théâtre. Un directeur de l'Opéra n'est pas chargé du soin de soutenir l'honneur de notre école, c'est le devoir de nos grands maîtres, c'est à eux à former le goût, et quand le parterre sera assez éclairé pour se connaître en bonne musique, on ne lui donnera que celle qui sera avouée par le Conservatoire; en attendant si l'on veut fixer la foule à l'Opéra, il faut lui donner de la musique qu'elle aime.

Nous avons eu pendant long-temps un Conservatoire de musique qui a fait l'admiration de l'Europe. Il a rendu d'immenses services à la musique instrumentale et à la musique vocale; nos orchestres, nos théâtres, lui doivent leurs premiers artistes et leurs meilleurs chanteurs, mais la musique dramatique ne lui a pas la moindre obligation. Des professeurs célèbres y enseignaient la composition ; il en est sorti une foule de savants sur la *fugue* et le *contre-point*, il n'en est pas sorti un seul musicien ; les partitions de ces messieurs étaient toutes d'une correction classique et leur musique d'un classique désespérant : c'est de cette école que sont sortis une foule de jeunes virtuoses qui nous ont rendu le service de nous apprendre que Rousseau n'était pas harmoniste, que Grétry ne savait pas la musique, et que Spontini était sans talent.

Je me garderai bien de me mêler de la grande querelle qui met aux prises *Rossini* et les compositeurs français ; je laisserai le *Barbier* se débattre avec *Sémiramis*, *Médée*, les *Bardes*, *Stratonice* et *Beniowski* ; et je n'irai pas me faire le don Quichotte des réputations de tous ces messieurs ; il faut attendre que leur art ait des règles plus certaines, ou que du moins leurs réputations reposent sur des monuments plus durables ; il est fatigant de changer chaque quinze ans d'admiration : que de gloires musicales se sont succédées en France depuis celle du musicien *Jean Moulon*, qui faisait les délices de la chambre de François Ier, jusques à celle du *Cigne de Pesaro !* Les ouvrages de Lulli, qui furent admirés de la cour de Louis XIV, sont aujourd'hui relégués dans les bibliothèques, et il ne reste de lui au théâtre que la danse des apothicaires de *Pourceaugnac*, et les *mama-mouchi* du *Bourgeois Gentilhomme*. Le célèbre *Rameau*, qui fut surnommé dans le siècle dernier le *Dieu de l'harmonie*, est aujourd'hui, en musique, tombé au-dessous des *Boucher* et des *Vanloo* en peinture ; Gluck et Piccini ont partagé il y a quarante ans les éloges et les invectives de tous les amateurs de musique ; enfin de nos jours plusieurs chef-d'œuvre de Chérubini n'ont pu soutenir l'épreuve périlleuse des reprises et l'ouverture de la *Gazza*; et les accompagnements du *Siège de Corinthe* ont presque ébranlé sur leurs larges bases les partitions de *Méhul* et de *Boyeldieu*.

§ VI. DE LA DANSE.

Me voici arrivé à la partie brillante de l'Opéra. Malgré les pertes nombreuses qu'il a éprouvées depuis quelque temps, le ballet n'en est pas moins encore le modèle et l'envie de tous les théâtres.

L'Académie royale de danse est renommée, à juste titre, par la pureté, l'élégance, et la noblesse de son école, et sur-tout par cette grace et ce charme indéfinissables qu'on ne rencontre que chez les danseuses françaises. Notre réputation dans ce genre date de loin: don Juan d'Autriche fit le voyage de Bruxelles à Paris, pour assister incognito à un bal de la cour où devait danser Marguerite de Valois, qui passait pour la meilleure danseuse de l'Europe; on donna un bal dans la grande galerie de Versailles, lors du mariage du duc de Bourgogne, exprès pour voir danser un menuet et une sarabande à M. le duc de Chartres et à madame la princesse de Conti : voilà sans doute de très beaux et de très glorieux souvenirs en l'honneur de notre école de danse.

Mais cet art, comme la musique, ne repose pas sur des bases très fixes; chaque siècle en voit changer deux ou trois fois le goût et les règles. Les *Prevost* et les *Subligny* firent croire, pendant long-temps, qu'on ne pouvait pas aller au-delà de leur talent, pour la gravité et la noblesse. Quelques années plus tard, on admira le degré de perfection avec lequel les *Dupré*, les *Sallé*, et les *Camargo*, dansaient les chaconnes. *Lany*, et ensuite mademoiselle *Guimard*, vinrent à leur tour émerveiller Paris par le fini et la délicatesse de leur danse. *Vestris* et madame *Gardel* les firent oublier bientôt après, l'un par le brillant et la vigueur de ses pas, l'autre par la grace et le moelleux de ses poses. Enfin aujourd'hui *Albert* et madame *Montessu* font l'admiration des connaisseurs, par leur légèreté presque aérienne.

Cependant, sans déprécier ce qu'on a admiré autrefois, on peut affirmer que depuis trente ans notre école de danse est dans une meilleure route. La révolution qui s'est opérée dans tous les arts d'imitation a étendu ses avantages sur la danse. Cet art s'est éloigné des allures des personnages de *Watteau* et de *Boucher*. Les danseurs ont imité les attitudes des belles statues antiques, et rappelé souvent, dans leurs pas, les belles poses académiques. Les costumes même se sont débarrassés des entraves du mauvais goût; mais il reste encore beaucoup à faire dans cette partie, où tout est à reprendre, depuis les chaussons de maroquin vert des sylphes jusqu'aux coiffures à tire-bouchons des zéphyrs.

Le corps de ballet est le service le plus indiscipliné de l'Opéra; c'est sur-tout chez les femmes que cet esprit d'insubordination est le plus sensible. Plusieurs motifs en sont la cause. En général, toutes ces dames sont jeunes et jolies, et sont plus habituées à commander qu'à obéir. Accoutumées, dans leur boudoir, à voir respecter leurs moindres caprices, le joug des moindres devoirs les fatigue, et tous les moyens leur sont bons pour s'y soustraire. On a vu souvent les entorses et les migraines de ces dames certifiées par des notes diplomatiques ; et il y a peu de temps que trois ambassadeurs et deux chancelleries furent mis en mouvement pour obtenir le congé d'une danseuse qui voulait aller faire une partie de campagne.

On peut être sûr d'avance que dès qu'une danseuse arrive en voiture au théâtre, elle deviendra avant peu une mauvaise pensionnaire. Un directeur doit se défier des artistes qui peuvent se passer de leurs appointements, et qui n'attendent pas après le jour du paiement. J'ai vu des actrices, remplies de zèle et de dévouement tant qu'elles n'avaient sur les épaules qu'un modeste mérinos, devenir tout-à-coup capricieuses et fantasques dès qu'elles étaient enveloppées dans un cachemire ou une fourrure. Un seul moyen peut remédier à ces inconvénients. Il faut que le directeur de l'Opéra ait le pouvoir de rompre l'engagement des dames qui seraient trop indisciplinées ; c'est la plus grande punition qu'on puisse infliger, même aux plus riches. Une danseuse qui ne fait plus partie de l'Opéra est une femme ordinaire, une beauté sans valeur ; c'est une belle statue qu'on prive de son piédestal.

Une grande réforme à faire, et qu'exigent impérieusement la splendeur et la dignité de l'Opéra, c'est celle des costumes de la danse : quoique ceux du chant laissent beaucoup à désirer, ceux de la danse sont encore bien loin de la sévérité que le goût réclame. On laisse trop au caprice des danseurs et des danseuses : ces messieurs et ces dames défigurent les dessins de leurs costumes et ils les ajustent d'une façon si bizarre, qu'ils ne sont plus d'aucune époque ni d'aucun pays, et qu'ils détruisent souvent l'ensemble d'un beau tableau. N'est-il pas ridicule de voir les paysannes du corps de ballet de la

Servante justifiée en jupons de taffetas et en tabliers de gaze; de voir les vestales coiffées à la Neige ou à la chinoise; les ombres heureuses d'*Orphée* parées de girandoles de diamants, et les nymphes de *Flore et Zéphyr* chargées de colliers de pastilles du sérail. C'est sur-tout à l'époque du jour de l'an que les disparates les plus bizarres se font remarquer à l'Opéra; je me souviens d'avoir vu l'année dernière les cinquante filles de *Danaüs* couvertes d'étrennes sorties des magasins de *Susse* et du *Petit-Dunkerque*.

Les ballets d'action, dont on a beaucoup trop abusé depuis quelques années, et sur-tout les ballets d'action en trois actes, ont porté un coup mortel à la tragédie lyrique. On s'est complétement trompé sur ce genre fort cher et rarement productif, ce qui prouve qu'il ne plaît pas au public. On ne citerait pas depuis trente ans six grands ballets d'action qui aient rapporté ce qu'ils ont coûté. La danse ne doit former qu'une des parties d'un opéra, mais elle doit y occuper une place brillante; et un poëme qui n'offrirait pas au maître des ballets des motifs de fêtes, de marche et d'action mimique, ne remplirait qu'imparfaitement les conditions qui lui sont imposées.

Si je repousse un spectacle composé de trois actes de danses et de pantomimes, je me garderai bien de ne pas accueillir de petits ballets de genre en un ou deux actes; ces compositions légères et gracieuses, ces petits tableaux héroïques, villageois ou comiques, varient agréablement le répertoire, et forment avec un grand ouvrage lyrique un *spectacle coupé*, presque toujours du goût du public. On évite en supprimant les ballets d'action le genre ridicule de ces petits opéra en un acte au-dessous de la dignité de l'Académie royale, et qui ne sont pour l'ordinaire que des avortons d'opéras comiques ou de vaudevilles, essais malheureux qui, depuis le *Devin du village*, n'ont produit que les *Prétendus* et le *Rossignol* dont le mérite ait justifié le succès.

L'école de danse et ce qu'on appelle le *magasin de l'Opéra* doivent sur-tout attirer l'attention du directeur. Cet établissement a besoin d'être reconstitué sur de nouvelles bases; il coûte beaucoup et ne rend aucun service. Les enfants y commencent à peine leur éducation dans la danse, et les talents qui sont censés y avoir fait le leur vont se perfectionner dans des écoles particulières. Des maîtres étrangers à l'Opéra se glorifient des succès de leurs élèves, et les classes de l'Opéra restent désertes, ou ne produisent aucun sujet digne de la réputation de ce théâtre. C'est pour cette partie du service que le directeur doit faire des règlements sévères, qui ne permettent pas que les théâtres de toutes les grandes villes du royaume ou de l'étranger soient remplis de prétendus sujets de l'Académie royale, qui sont loin d'en soutenir l'honneur et la réputation. La même sévérité doit être exercée contre les pensionnaires inquiets ou ambitieux, qui, sans égards pour les besoins de leur théâtre, vont danser pendant six mois à Londres, à Vienne, ou à Milan. Outre le vide qu'ils laissent à l'Opéra, ils font un tort considérable en allant colporter de capitale en capitale des talents dont on ne doit jouir qu'à Paris. On modérerait l'ardeur de ces artistes cosmopolites en leur persuadant bien qu'une fois sortis de l'Opéra ils n'y rentreront plus sous aucun prétexte. Il est temps que l'Académie royale de musique ne soit plus un pis-aller que l'on prend lorsqu'on a lassé la curiosité de tous les peuples de l'Europe, et quand on ne trouve plus une guinée, un ducat, ou un florin à récolter chez l'étranger.

§ VII. Les Décorations et les Machines.

Si la vieille routine est une des plaies de l'Opéra, c'est sur-tout dans ce service qu'on en ressent les plus funestes effets; on doit bien penser que les observations que j'ai à faire sur ces deux objets sont bien moins dirigées contre les décorations que contre les machines. Les décorations sont confiées à un homme d'un si grand talent que sa réputation est au-dessus de tout éloge, aussi lui soumettrai-je plutôt des doutes que des critiques. *Cicéri* est le premier peintre de paysage pour la décoration, je n'en excepte pas même les Italiens et les Anglais, qui peuvent cependant nous fournir quelques procédés que je ne crois pas qu'on doive dédaigner.

Le système de peinture qu'on a adopté à l'Opéra ne me paraît pas convenir précisément au genre. Les décorations de la *Lampe*, d'*Armide*, et du *Siége de Corinthe*, sont d'admirables tableaux, mais ne sont pas des décorations d'un grand effet; il y a tant de fini dans les détails, de finesse dans les tons, une harmonie si parfaite dans toutes les parties, que le goût est toujours satisfait; mais l'imagination n'est jamais frappée; je préférerais à cette perfection les tons crus et heurtés des décorateurs anglais et le charlatanisme puéril, si l'on veut, des peintres italiens, pourvu que j'obtinsse de ces piquants effets de lumière et de perspective qui sont sans doute plus faciles à produire, mais qui ne manquent jamais de séduire la multitude.

Je crois bien que la manière d'éclairer le théâtre entre pour beaucoup dans la difficulté de l'illusion, et qu'il reste tout à faire pour remédier à cet inconvénient. Cependant il n'est pas impossible d'y arriver.

J'ai vu à Londres le système d'éclairage et je me suis convaincu qu'il est fort supérieur au nôtre. La lumière inégale de nos *portants*, le jour faux et douteux de nos *herses*, l'éclat permanent et monotone de notre *rampe*, sont des obstacles qu'il faut vaincre et que les Anglais ont surmonté du moins en partie. Je ne parle pas de l'Opéra de Londres, le plus pauvre et le plus ridicule de l'Europe sous le rapport des machines et des décorations; mais je parle des théâtres de *Drury Lane*, et de *Covent-Garden*, des théâtres de *Surrey*, et de *Cobourg*, et même de l'*Adelphi*, et de l'*English-Opera*.

Je pense que la première tentative à faire, c'est d'essayer le contraire de ce qui est, c'est-à-dire d'éclairer la salle à l'huile et le théâtre au gaz; par ce moyen la lumière du lustre ne disputera plus de vivacité avec celle de la scène et les décorations jouiront de tout le brillant de leurs couleurs; en atténuant l'éclat de ce globe lumineux qui est constamment placé entre l'œil du spectateur et le théâtre, on rendra aux tableaux qui y seront représentés tout l'effet d'un beau jour et on se rapprochera de la nature autant que possible. On obtiendra par ce procédé seul de grands avantages: d'abord on pourra d'un seul coup de robinet priver ou inonder le théâtre de lumière. Le gaz renfermé dans des tuyaux flexibles, armés de garnitures de cuivre, pourra être transporté dans tous les coins de la scène. Il peut remplacer les *herses* dans le ceintre, et les *augets* derrière les *devantures*, les *terrains*, et les *bandes d'eau*. J'ai vu obtenir par ce moyen des reflets de clair de lune, et d'incendie sur les eaux, d'un effet étourdissant de vérité ; je suis convaincu que si on autorisait *Cicéri* à éclairer son théâtre comme il l'entend, il arriverait dans cette partie aux résultats les plus heureux.

Depuis Boullet, il n'y a plus eu un machiniste à l'Opéra ; le père Boutron n'était qu'un excellent ouvrier : aussi ce service est-il dans l'état le plus déplorable ; je ne dirai pas qu'il est arriéré de plus de cent ans, car à cette époque *Vigarani*, *Berain*, et le marquis de *Sourdiac*, opéraient des prodiges dans ce genre dans les opéra de Quinault. Depuis, l'art du machiniste n'a fait que rétrograder ; pourtant vers le milieu du dernier siècle, *Servandoni* fit des essais merveilleux sur le théâtre des machines aux Tuileries : on n'en a tiré aucun avantage, on a même dédaigné de les imiter.

Aujourd'hui l'Opéra se traîne dans la vieille ornière, sans rien produire ni rien inventer. Le coup de sifflet du machiniste n'amène depuis vingt-cinq ans que les mêmes effets. Ce sont toujours des *fermes* qui fondent dans le dessous, des *rideaux* qui arrivent du ceintre, et des *châssis* qui s'avancent gravement deux à deux sur leurs *chariots*. Si par hasard on se risque à faire descendre une gloire, on nous la montre suspendue à de gros *fils de laiton*, qui se dessinent en noir sur l'horison, ou qui sont gauchement masqués par de lourds *gâteaux de nuages* ; le tout terminé par un accompagnement de *trapillons* qui s'ouvrent et se referment avec fracas.

§ VIII. LA MISE EN SCÈNE.

La mise en scène est la partie la plus négligée de l'Opéra; c'est celle qui dans l'état où elle est détruit l'effet de toutes les autres, et qui montre dans les chefs de cette administration une insouciance bien condamnable ou une ignorance bien ridicule.

L'Opéra est bien loin des théâtres du boulevart dans l'art de préparer les effets, de grouper les masses, de placer les acteurs en scène et de les faire entrer et sortir; c'est un talent qui exige une foule de connaissances, sur-tout beaucoup d'imagination, et des études sans cesse renouvelées pour chaque ouvrage, afin d'en étudier les mœurs, les localités, les caractères et les convenances. Un auteur conçoit une situation, mais ne se doute pas toujours du parti qu'on peut en tirer à la mise en scène; avec un directeur habile un ouvrage gagne beaucoup à passer du papier au théâtre; avec un directeur sans imagination et sans goût un bel ouvrage à la lecture devient pâle et décousu devant le public. Il est facile de rendre compte de ces disparates.

En lisant un ouvrage l'imagination de l'auteur exalte celle des auditeurs, qui se pénètrent de la situation, et, en suivant les indications données par le manuscrit, se mettent eux-mêmes la pièce en scène, et l'embellissent de tout l'idéal de la représentation. Les inconvenances théâtrales disparaissent; on ne peut pas juger à la lecture de la gaucherie d'une entrée ou de la maladresse d'une sortie; les détails oiseux échappent à l'esprit; il ne reste dans la mémoire que de belles masses qui entraînent la réception de l'ouvrage.

Quand la pièce arrive au théâtre pour être mise en scène, si elle tombe dans les mains d'un homme intelligent, il se pénètre des intentions de l'auteur, renchérit sur ses idées, évite les contre-sens et les inconvenances, déguise les endroits faibles par de beaux tableaux ou par de grands mouvements, et éblouit par la pompe du spectacle et le grandiose des effets de scène. Si au contraire l'ouvrage est livré à des mains inhabiles, tout devient maigre et mesquin; les plus belles situations sont rapetissées, l'ensemble manque de noblesse et d'éclat, et les quinquets ne semblent être placés sur le théâtre que pour éclairer les défauts de la pièce.

Je suis fondé à croire, par ce que j'ai vu jusqu'ici, qu'il n'y a personne à l'Opéra en état de mettre en scène un des grands ouvrages de Quinault. Cependant ce sont ceux où l'artiste peut trouver le plus de ressources, soit dans les traditions, soit dans les indications du poëte, qui sont étincelantes d'imagination; l'auteur semble y avoir indiqué la place de tous les arts qu'il a voulu réunir à l'Opéra; je n'en citerai qu'un exemple pris au hasard dans ses nombreux ouvrages.

Cadmus doit surmonter les plus grands obstacles pour obtenir *Hermione*; il sème dans le champ de Mars les dents du dragon qu'il a vaincu. Voici comment Quinault a dessiné ce tableau : « La terre produit des « soldats armés qui se préparent d'abord à tourner leurs « armes contre Cadmus; mais il jette au milieu d'eux « une manière de grenade que l'Amour lui a apportée, « qui se brise en plusieurs éclats, et qui inspire aux

« combattants une fureur qui les oblige à combattre
« les uns contre les autres, et à s'entr'égorger eux-
« mêmes. Les derniers qui demeurent vivants viennent
« apporter leurs armes aux pieds de Cadmus. »

On conviendra qu'il faudrait avoir une imagination bien aride pour ne pas trouver le moyen de produire de grands effets avec de pareils programmes; mais pour les obtenir il faudrait changer le système de mise en scène de l'Opéra, et sur-tout celui des *chœurs*.

Ces automates, hommes et femmes, qu'on appelle *chœurs*, qu'on voit toujours à la même place, les uns du *côté du roi*, les autres du *côté de la reine*, et qu'on pourrait croire placés sur des *repaires*, comme les *châssis* et les *praticables*, ont épuisé les quolibets et les épigrammes des parodistes, et n'ont pas cherché une seule fois à animer leur action; soixante personnes sont constamment placées en espalier sans prendre part à la scène, et s'invitent réciproquement à *vaincre* et à *combattre* avec la même impassibilité qu'elles mettent à s'inviter à *s'aimer* et à *danser*. Qu'on ne me dise pas qu'il est impossible de tirer parti des *chœurs*; je citerai pour exemple les *comparses* de la Comédie française, qui sont bien loin pour l'intelligence dramatique des *choristes* de l'Opéra, et qui dans *Léonidas* ont montré, par l'expression et la vérité de leur pantomime, quel parti un homme de talent peut tirer dans la mise en scène d'une masse d'hommes qu'on n'avait cru jusqu'ici capables que de faire des *à gauche* et des *à droite* devant *Néron* ou *Sémiramis*.

On m'objectera peut-être que dans la tragédie antique les chœurs étaient immobiles, et ne faisaient que remplir les entr'actes par leur chant. Mais je répondrai que les chœurs des anciens n'ont aucun rapport avec ceux de l'Opéra moderne. Les premiers n'étaient que des *chœurs d'expression*. Les autres sont presque toujours des *chœurs d'action*. C'est ainsi que les ont compris tous les auteurs qui se sont fait une idée juste de l'Opéra. Quinault dans Atys, dans Proserpine, dans Alceste, dans Roland, dans Armide, dans Phaéton; M. Jouy dans Fernand Cortès, dans les Bayadères, dans la Vestale, n'ont certainement pas entendu placer dans leurs opéra des chœurs sans mouvement; ils en ont fait des masses d'acteurs qui devaient nécessairement concourir à l'ensemble et à l'intérêt des situations; qu'on ne me parle pas de la difficulté de chanter en marchant. Elle n'existerait donc que pour les chœurs, car les premiers sujets du chant ne s'en sont jamais aperçus dans les morceaux de mouvement et dans les scènes animées par de violentes passions. L'immobilité des chœurs est d'autant plus choquante dans certains moments qu'elle contraste d'une façon fort comique avec la grâce et l'expression qui caractérisent les mouvements du ballet: on dirait dans *Aladin*, par exemple, qu'il y a sur la scène deux nations, l'une inerte et stupide, l'autre douée de la sensibilité la plus exquise.

L'exécution scénique n'est pas mieux soignée, rien n'y est fait, je ne dirai pas avec goût, mais même avec le moindre sentiment des convenances. Dans le premier acte d'*Armide*, une des entrées les plus importantes est l'entrée d'Aronte, porté blessé, et venant annoncer, au milieu d'une fête, que les prisonniers d'Armide ont été délivrés par Renaud; c'est cette entrée qui motive le beau final, *poursuivons jusqu'au trépas*. Il faudrait donc en préparer l'effet par un grand désordre, et en le montrant de loin, pour donner le tems aux acteurs de se grouper autour de lui, afin d'écouter son récit, qui commence par ce vers : *O ciel ! ô disgrace éternelle !* au lieu de cela on a fait entrer Aronte par le manteau d'Arlequin, il arrive en scène, et il parle sans que personne ait eu le tems de le voir, le spectateur lui-même ne sait pas pourquoi le ballet est interrompu.

La routine dont on ne veut pas s'affranchir à l'Opéra, parcequ'il faudrait avoir le talent de mettre quelque chose à la place, est cause qu'on tient à ne pas baisser le rideau à chaque acte, le machiniste se croirait deshonoré s'il ne donnait pas son coup de sifflet pour nous masquer une décoration de dix *plans*, par une décoration de quatre *plans*, ou par le même effort de génie, par nous enlever un *rideau* de la *face*, pour nous laisser apercevoir le théâtre jusqu'au *lointain*. Eh ! bien cette petite manœuvre est d'un ridicule achevé : il faut que le machiniste nous montre son talent dans le courant des actes, qu'on y voie tous les coups de théâtre que son génie pourra lui fournir; mais il ne faut pas que l'Opéra soit privé, pour des changements à vue sans mérite, comme sans effet, des avantages immenses qu'on peut tirer des *lever* et des *baisser de rideau*; pour chaque commencement, et chaque fin d'acte, ils peuvent fournir des tableaux posés qui doivent servir merveilleusement au spectacle et à la pompe d'un opéra.

Dans *Fernand Cortès*, par exemple, le premier acte serait terminé par une invocation devant l'idole mexicaine, pendant qu'une partie du peuple implorerait la protection d'Amazili, qu'une autre partie se grouperait autour de Montezuma, et que les guerriers viendraient se ranger sous l'étendard de Telasco. Au lieu de ce beau développement de scène, on est obligé d'évacuer le théâtre en tumulte, et de laisser déserts le temple et l'autel. Un tableau d'un autre genre, et d'un plus grand effet encore, pourrait terminer le second acte, au lieu d'une sortie semblable à celle qui termine le premier, car à l'Opéra, par suite de la routine, tous les actes sont obligés de finir de la même manière.

Dans la *Vestale*, le second acte commence par une prière autour de l'autel de *Vesta*. Le tableau des Vestales en recueillement devant le feu sacré avec la grande prêtresse sur les marches de l'autel serait d'un effet plus imposant et plus religieux que cette procession sans motif, que les chœurs sont obligés de faire pour se trouver en scène. La fin de cet acte serait aussi bien autrement dramatique, si le tableau final répondait au pathétique de la situation, et si le rideau baissait sur des groupes bien posés et bien dessinés; celui de Julia entraînée par les licteurs se détacherait dans le fond de celui des Vestales accablées de honte et saisies d'horreur, tandis que sur le devant le grand-pontife et les prêtres au comble de l'indignation ordonneraient le supplice de la prêtresse adultère.

Les artistes, les poëtes, les peintres, et en général toutes les personnes qui ne sont pas étrangères à l'art difficile de la mise en scène, me comprendront et n'auront pas de peine à se persuader que par ce moyen l'Opéra ajouterait de grandes ressources à la pompe de son spectacle.

Les observations que je viens de rassembler dans quelques pages sont le résultat de plus de vingt ans d'étude dans chacune des parties de l'art dramatique. Je les développerai plus tard dans un ouvrage sur *les théâtres*, auquel je travaille depuis long-temps. J'ai cru utile de les publier dans ce moment où l'expérience doit faire sentir la nécessité de reconstituer sur de nouvelles bases l'Académie royale de musique.

L'occurrence m'a paru heureuse, puisque je puis être compris d'un homme d'un mérite distingué, qui joint à un zèle ardent pour le service du Roi, et à l'émulation la plus noble pour l'illustration de son règne, un amour éclairé des beaux-arts, et une volonté constante de les faire prospérer ; c'est à lui que je soumets mes observations critiques sur l'Opéra, dans l'espoir qu'elles lui faciliteront les moyens de rendre à l'Académie royale de musique, sous le règne de Charles X, tout l'éclat dont elle jouissait sous le règne de Louis XIV.

IMPRIMERIE DE JULES DIDOT AÎNÉ,
IMPRIMEUR DU ROI,
Rue du Pont-de-Lodi, n° 6.

www.ingramcontent.com/pod-product-compliance
Lightning Source LLC
Chambersburg PA
CBHW060510050426
42451CB00009B/906